ADRESSE

AU

PEUPLE ESPAGNOL.

ADRESSE
AU
PEUPLE ESPAGNOL.

ESQUISSE RAPIDE
D'UN CONTRAT SOCIAL.

VŒUX SUR LA PAIX.

PARIS,
IMPRIMERIE D'HIPPOLYTE TILLIARD,
RUE DE LA HARPE, N°. 78.

1823.

AVANT-PROPOS.

Le gouvernement d'un peuple civilisé offrira le plus doux accord.

Il ne sera pas l'effet d'une force aveugle, de circonstances éphémères, de concessions mutuelles ; il ne sera pas un atermoiement entre les partis, un malheureux amalgame d'éléments opposés, tendants sans cesse à se combattre, à se détruire.

Chacune de ses parties, calculée, sera le produit de la réflexion, de la sagesse, pour marcher vers un but commun, sans rivalités, sans désir d'empiéter l'un sur l'autre.

Elles restent nécessairement subordonnées à la volonté générale, à la souveraineté publique.

L'homme trop souvent erre au gré de ses passions. Le gouvernement d'un peuple est un être de raison, dont le but est la moralité.

Messieurs les membres de la sainte-alliance ont dit : « qu'il n'était et ne serait reconnu de changements légitimes que ceux que proposeraient et consentiraient les chefs des nations ».

Opposons leur ce principe :

« Une autorité quelconque ne peut se constituer elle-même, ou les attributions dont elle se gratifierait seraient en son intérêt particulier, non en celui de la masse, seule souveraine, à laquelle elle-même elle doit rester subordonnée ».

ADRESSE

AU

PEUPLE ESPAGNOL.

VOEUX D'UN FRANÇAIS SUR LA PAIX.

> S'il ne s'agissait que du moment présent,
> quelques en soient les couleurs infortunées,
> je garderais le silence.
> Je crois jeter les yeux dans l'avenir.

MAGNANIMES ESPAGNOLS !

Dans les conjonctures malheureuses où nous sommes jetés, permettez à un simple français, retiré en ses foyers paisibles, désireux d'un bien-être général et commun, adonné à l'étude des lois sociales, d'essayer de vous exposer les moyens qu'il entrevoit de conjurer les maux qui mutuellement nous déchirent.

Arrachons, s'il se peut, tout prétexte à l'esprit de parti, à la mauvaise foi, à l'ignorance, à l'erreur.

Les propositions que je vais avoir l'honneur de vous soumettre, déjà depuis longues années me paraissent devoir être accueillies, parer à la marche des temps, reposer sur les lois immuables qui nous constituent, sur la base fixe de toute société.

En 1812, vous décrétâtes une constitution, effet de votre pouvoir intérieur souverain.

Les rois d'Europe ligués contre le tyran, qui nous-mêmes nous avait asservis, adhérèrent à vos travaux.

Mais bientôt vos évènements intérieurs les rendirent vains. Vous les avez repris, et maintenant, par ces mêmes rois, ils vous seraient interdits!

« L'ordre que vous avez adopté (dit-on), est incompatible avec toute sûreté extérieure, et *des changements quelconques vous sont demandés* ».

Des partis se sont élevés en votre sein; le gouvernement français y intervient armé; le sang coule au milieu de vos esprits divisés.

Faible individu, que ne puis-je me jeter au-devant de vos armées? Seul, j'en voudrais arrêter la rage et comprimer les fureurs.

Vous tuez... Qui? m'écrirais-je... vous égorgez vos frères...! Braves Espagnols, Portugais, Français, Anglais, tous n'avons-nous pas une origine commune, et ne sommes-nous voisins, ne sommes-nous hommes que pour nous déchirer, nous détruire?

Cessez vos divisions; elles sont en horreur à la Divinité, ou craignez que pour vous en punir, et profitant de votre aveuglement, de notre affaiblissement mutuel, un despotisme hideux, implacable, s'élançant des contrées hyperboréennes, tel que l'oiseau de proie aux serres empoisonnées, ne vienne fondre sur vous, ne vienne couvrir vos champs de toute la grossièreté de la barbarie, et de toute les dépravations de la servitude.

« Ainsi périt l'empire romain, et ses restes décharnés, épars, sanglants, devinrent la proie de la férocité ».

Après un si long deuil, après tant de souffrances, après tant de siècles, la civilisation renaît. Ne servons pas à la détruire; profitons de ces malheurs, élevons-nous à toute la hauteur des conceptions qu'ont enfantés l'expérience et le génie.

La fin, le but, le guide des nations est la moralité.

Non, votre constitution n'est pas encore le *summum* de nos connaissances sociales.

Espagnols, décrétez :

<small>Création d'un Corps Constitutif.</small> Qu'à compter du départ de toute troupe étrangère de dessus votre sol, que trois mois après qu'il aura été constaté, trois députés de chacun de vos départements seront nommés pour se rendre au chef-lieu de votre empire.

Que, âgés au moins de trente-cinq ans, réunis, ils reçoivent le titre de corps constitutif. En masse, ils vérifieront leurs pouvoirs, leurs élections, prenant connaissance de tous les projets qui leur auront été adressés.

Qu'ils se séparent ensuite par bureaux, à l'effet, chacun (et, à leur gré, même individuellement), d'offrir, dans le délai de cinq mois, le résultat de leurs travaux, au choix, à l'acceptation de la majorité de vos assemblées d'élection, véritables assemblées, *sections de la souveraineté*.

Leur mission terminée, les membres du corps constitutif rentreront dans la classe des simples citoyens, pour ne pouvoir, de quatre années, faire partie de nulle autorité centrale suprême, afin de s'assurer qu'ils ne pourront avoir eu en vue qu'un bien-être positif, général et commun.

Mais quel pacte, quel contrat social pourra réunir vos suffrages ?

Espagnols, souffrez que celui qui a médité de toutes ses forces sur un sujet si grand, essaye de vous en offrir le tableau. Je ne vous en présenterai qu'une analyse rapide.

Votre contrat social sera divisé en deux parties.

<small>Plan du Contrat Social.</small>

La première sera la désignation de la qualité des contractants, tous offrant en eux-mêmes une garantie reconnue, déclarée suffisante, de leur besoin, de leur amour de l'ordre, et d'un même intérêt.

Elle dira les motifs de l'association, son but, les conditions de l'union, les droits réservés à chacun, et les devoirs communs qui lui sont imposés.

Elle réservera à chaque individu, comme à chaque portion de l'empire, toute la part de liberté qu'il est de l'intérêt de chacun de conserver ; elle réunira au sein d'autorités centrales toutes les attributions qu'il importe à tous de mettre en commun.

Elle énoncera les principes de toute loi politique, tant intérieure qu'extérieure, et ceux de toute loi civile, de police, de justice distributive et répressive, et d'administration ; principes inhérents à notre nature, seule base du plus magnifique édifice.

La seconde, sous le titre de gouvernement, en fixera le mode.

Elle déterminera toutes les institutions qu'elle crée; elle organise tout pouvoir public; elle les définit et spécifie leurs attributions distinctes.

Le gouvernement est l'ensemble de tous les moyens d'ordre public.

Il est d'autant plus parfait, qu'il est la conséquence la plus directe, qu'il est la plus juste application des principes.

<small>De l'appel du Corps constitutif à tous besoins, et de droit, tout les 25 ans.</small> Il est incomplet, il est faux, s'il ne réserve à la volonté générale les moyens de faire entendre sa voix souveraine avec toute maturité et sagesse, sans trouble et sans effort, à la demande réitérée des membres de ses autorités centrales, à la demande d'une partie de ses assemblées d'élection, et à des époques fixes, au plus long terme de vingt-cinq années.

Afin de s'assurer qu'elle ne sera point éludée, étouffée; afin de forcer le corps social à revenir sur lui-même, à prévenir, arrêter, réparer tout abus; pour se perfectionner sans cesse, marcher avec le temps, et satisfaire aux droits des générations nouvelles.

En vingt-cinq années, la société voit se renouveler au moins les deux tiers de ses membres.

La génération actuelle, dirai-je, avec respect et reconnaissance, profite des travaux, des lumières, des fautes mêmes de la génération passée. Elle dispose du moment présent, et pressent l'avenir; elle est sans pouvoir sur la génération qui la suit.

L'appel du corps constitutif à époques fixes est le premier moyen d'ordre. Il garantit l'entière et nécessaire subordination de toute institution à la souveraineté publique; il est de droit, voulu par notre nature. Il faut un pouvoir, non conservateur qui consacrerait tous abus naissant sans cesse, mais réparateur maintenant, et rappelant toute institution à son but.

Le contrat ne donnera pas au gouvernement le titre de représentatif, mais d'interventif, la nation y intervenant par le choix de ses magistrats; elle ne reconnaît pas d'*omnipotence parlementaire.*

Une société représentée n'existe plus.

La souveraineté publique ne peut être *représentée;* la souveraineté est inaliénable, inhérente à la masse; elle est inhérente à l'individu, reconnu offrir en lui-même à l'état toute garantie déterminée, soit par propriétés foncières, industrielles, même transmises à des enfants devenus membres de la cité, soit par des concours publics, ayant constaté une instruction, une moralité distinguées.

Une fonction publique est un poids, une charge; elle ne doit point être un moyen de fortune. Celui qui se voue à un travail public en doit être dédommagé. Son salaire, proportionné au temps qu'il emploie, doit soutenir sa famille. Il sera d'autant moins élevé, qu'il donnera plus de droit à la considération; son principal dédommagement est dans l'amour et le respect public.

De la division du Corps Législatif en deux chambres. De ses droits de souveraineté la nation est jalouse. Dans son administration, dans la détermination de ses dispositions annuelles, elle ne se confiera pas à une seule chambre, qui n'aurait pas de modérateur, de contrepoids.

La confection de ses réglements exigera l'intervention de trois corps distincts:

L'une de Députés, ou Tribunat. D'une chambre de députés ou tribunat, nommée pour cinq ans, par premières divisions territoriales (en France elles sont dénommées arrondissements, renouvelée tous les ans par cinquièmes et par séries. Les divisions formant une même série sont éloignées, distantes les unes des autres, afin d'éviter tout esprit particulier. Leurs séances, leurs délibérations sont publiques.

Il est essentiel d'élire pour cinq années, afin d'obtenir une connaissance suffisante de tous les détails d'administration générale. Il faut de plus que l'élection soit partielle, pour ne pas courir tous les dangers de l'inexpérience.

Les députés seront âgés de 27 ans accomplis. Leur élection sera le produit de la volonté libre et réunie des électeurs, dégagée de toute influence des membres d'autorité publique : crime de lèze nation, de lèze souveraineté publique au premier chef.

Un mois avant l'ouverture des élections, elles seront annoncées. Tout électeur sera libre d'inscrire sur des listes, communiquées à tous, les noms de ses concitoyens qu'il juge digne des suffrages publics. Avant les élections, ils seront libres entr'eux de les débattre.

Il n'est pas vrai que les votes des employés dans les administrations doivent dépendre des chefs qui les président. Ces employés sont à l'état. Ils ne sont pas les valets de ces chefs. Ils doivent à la *patrie* l'expression d'une conscience sévère. Leur en imposer une est un crime digne de tout châtiment.

<small>L'autre de Sénat.</small>
La deuxième chambre portera le titre de sénat, composé de deux membres par seconde division territoriale (répondant à nos départements). Ils seront âgés au moins de 45 ans; nommés pour six années, renouvelés tous les ans par sixième et aussi par série; ne pouvant être réélus qu'une fois. Les admettre héréditaires serait s'exposer à toutes les chances du hasard, et quelquefois à tout l'orgueil et aux erreurs d'une fausse éducation. La chose publique ne peut être leur patrimoine.

<small>Formation du Ministère.</small>
Parmi les membres sortant chaque année du sénat, il en sera choisi un par la première chambre pour remplacer un des ministres sortant de droit. S'il en est d'autres à remplacer, ceux-ci seront nommés par le sénat, choisis, par suite, parmi d'anciens sénateurs.

<small>Tribunal d'État suprême.</small>
Les membres du ministère ne sont plus rééligibles au sénat.

Hors les cas d'un jugement infamant, tout ancien sénateur et ministre, ayant cessé ses fonctions, fait le reste de sa vie partie du tribunal d'état suprême, chargé de juger toute prévarication de magistrat, tout abus de pouvoir, et tout fait compromettant à un haut degré l'indépendance, la sûreté, la liberté, la souveraineté publique.

La connaissance, le jugement de tout fait, dont il évoque la cause, lui deviennent attribués.

Le député, pour tout fait politique, n'est point justiciable d'un tribunal civil.

Les deux chambres et le pouvoir d'exécution suprême ont également l'initiative des projets de loi, sur lesquels les deux chambres ont également à délibérer.

Des Décrets Législatifs.

Si, adoptés par les deux chambres et présentés au pouvoir d'exécution, il est par lui fait des observations, généralement dans le délai d'un mois, et, dans les vingt-quatre heures, s'il y a urgence, les deux chambres sont tenues de statuer sur elles. L'accord des deux chambres est nécessaire pour la confection des décrets.

Chaque année toute recette, toute dépense publique spécialisée est ordonnée, vérifiée et publiée.

Il ne peut être souffert de maison de jeu, de loterie. La base de toute institution, de tout fait, est la morale.

Tout revenu paye une égale contribution,

(*si ce mode est maintenu pour l'acquit des dépenses publiques*).

La contribution imposée sur les entrées du jour, sur les issues au sein de nos demeures, a des résultats funestes. Elle est fausse et insensée.

<small>Du pouvoir exécutif suprême.</small>

Veillant sur l'ensemble, sur l'exécution des lois, transmettant tout ordre, le pouvoir exécutif suprême se compose : 1° de ministres, toujours responsables, et d'un chef.

<small>Des Ministres.</small>

Chaque ministre a ses attributions distinctes. Il se conforme aux lois qui le concernent. Il n'a d'autorité que celle qu'elles lui prescrivent. Il rapporte ses opérations au conseil formé de la réunion des ministres, présidée par le chef suprême. Il en reçoit les instructions. Il signe tous les ordres émanés de son département.

Le conseil d'exécution suprême rend chaque année, aux deux chambres, un compte public de ses travaux, de la situation des affaires.

Il offre aux deux chambres toute demande de prise en considération, tout projet de loi qu'il juge utile, toute observation sur ceux qui lui sont présentés, sur lesquels les chambres sont tenues de délibérer. Il en reçoit les décrets et les fait exécuter.

Les ministres sont d'abord nommés par le sénat, ainsi que ceux qui accidentellement sont remplacés. Celui de chaque année est élu par la première chambre.

Le chef du conseil exécutif suprême préside le conseil; il en détermine les délibérations. Il pose toutes les questions et aussi les discute. Il recueille les voix. En cas de partage, la sienne est prépondérante. Il signe les actes du conseil. Il reçoit les rapports des différents ministres; il leur donne une même implusion. Son nom est à la tête de tous les ordres d'exécution contresignés par un ministre, rappelant la loi qui les prescrit.

Du Chef du Conseil exécutif suprême.

Le chef du pouvoir exécutif porte le titre de roi, si ce poste est héréditaire. Il est dénommé empereur, s'il est élu à vie. Et consul, si, choisi par le sénat, il est renouvelé tous les quatre ans.

Quelque soit le prononcé de la volonté souveraine, assez est connu le caractère élevé du roi Ferdinand pour garantir qu'il en recevra une illustration nouvelle.

A dix-huit ans que tout Espagnol soit tenu d'être instruit du maniement des armes, des principes des évolutions militaires. L'indigent en reçoit l'instruction gratuite. Appelé à un

Force publiques.

service, indépendamment des exercices prescrits, il est soldé. Inoccupé militairement, il dépose les armes et les attirails guerriers qui lui sont confiés.

Les exercices ont lieu une partie des jours consacrés au repos.

L'homme est classé par âge. Il y a sept classes.

La première, de l'*enfance*, jusqu'à 18 ans; la deuxième, de l'*adolescence*, jusqu'à 23; la troisième, de la *virilité*, jusqu'à 35; la quatrième, de la *réserve*, jusqu'à 45; la cinquième, de la *maturité*, jusqu'à 60; la sixième, de la *vétérance*, jusqu'à 70; la septième, de la *vieillesse*, depuis cet âge.

La septième classe est l'objet de tous les respects. Entre ses mains, le jour de l'équinoxe du printemps, la deuxième classe prête le serment d'inscription militaire.

Les fils de l'état prêtent le serment de *fidélité à la patrie*, ès mains de leurs aïeux.

La sixième classe ne fait qu'un service d'honneur et volontaire. A sa demande, elle reste dans les rangs. Au cas de guerre, elle entoure les autorités centrales.

La cinquième, au cas de guerre est en troisième ligne ; en temps de paix, elle manœuvre une fois par an.

La quatrième, en temps de paix, deux fois par an prend les armes; en guerre, elle forme les corps de réserve.

La troisième, en paix, manœuvre tous les trois mois. Elle prête le serment de *présentation au droit de cité* (1). Au cas de guerre, elle est en première ligne.

La deuxième, en temps de paix, manœuvre deux fois par mois. Au cas de guerre, elle est en deuxième ligne. Elle a prêté le serment d'*inscription militaire*.

Chaque ville possède au moins un canon ; en temps de paix le service en est fait double. L'admission n'en est accordée qu'au concours, d'après des examens publics, sur une instruction déterminée. En cas de guerre, le service double de l'artillerie se porte à celle des magasins publics.

<small>Système de défense.</small>

La cavalerie est formée par inscription volontaire, sur une instruction prescrite.

Les ingénieurs locaux sont en même temps ingénieurs militaires. Tous les points du sol sont l'objet d'une attaque d'une défense méditée.

(*) La jouissance de ces droits est suspendue, si toutes les conditions exigées n'ont pu être obtenues.

La présence de l'étranger armé n'y est jamais soufferte. S'il s'y est présenté inopiné, si la population s'est retirée par échelon, sans se laisser entamer, au moment où elle fait face, de toutes parts l'ennemi est entouré, sur ses flancs et ses derrières. Il y périt, s'il ne tombe à genoux.

Le dégat, produit par une invasion inopinée, est supporté par l'ensemble.

Marine. La marine exige un noviciat de longues années. Écoulées en temps de paix, le service en est interrompu; dans l'intervalle le marin habite les mers. L'état lui prête ses vaisseaux sous toute garantie.

Ordre de service. Sur terre, toute défense vis-à-vis d'ennemis extérieurs a lieu par classes distinctes.

Le service intérieur, relatif à l'ordre public (qui doit être bien rarement troublé), se fait par l'ensemble des classes réunies. Le tout sur la réquisition et l'appel formel des magistrats.

Cette distinction parfaite de la force publique, en service intérieur et extérieur, a lieu afin de ne pouvoir jamais être confondue; afin qu'il ne puisse jamais être abusé d'elle, et pour obtenir un enthousiasme croissant sans cesse.

Cette garde n'est jamais au-dessous des services qu'elle a à remplir; elle est le plus ferme appui de la liberté publique, également distante du despotisme et de l'anarchie. Elle nomme ses chefs.

Les colonies sont réputées les enfants de la mère patrie, ayant droit à l'émancipation au moment où elles ont atteint un suffisant développement de forces. Elles sont toujours appelées à jouir des avantages d'une même famille. Les bras de la mère patrie ne cessent de leur rester ouverts. *Des Colonies.*

La principale force publique réside dans la sagesse des institutions, dans la distribution des pouvoirs, dans leur organisation distincte; n'offrant jamais une lutte funeste. Elle est vis-à-vis du dehors dans la magnanimité des principes de politique, de conduite extérieure, déterminés, posés en la première partie du contrat, reconnoissant parmi les nations une parfaite égalité et réciprocité de droits et de devoirs; prescrivant un respect mutuel: proscrivant, pour tous les cas, la déprédation, le vol, le brigandage, les saisies, et toute domination acquise, maintenue par la force. *Complément de la force publique.*

L'intérêt d'un peuple civilisé est d'avoir principalement son voisin pour ami : il est pour lui la sentinelle avancée, la garde la plus sûre.

Régime Municipal.

Votre contrat social, Espagnols, garantira à chaque division de votre sol un régime municipal surveillé par le pouvoir exécutif. Chaque commune, aux deux tiers au moins des voix de ses habitants, nommera pour un temps fixé les membres de son administration immédiate. Ceux des administrations centrales seront élus par les électeurs de leurs ressorts, par les membres de la cité (offrant, ainsi qu'il a été dit, en eux-mêmes une garantie, déclarée suffisante, de leur amour de l'ordre et d'un même intérêt).

Droits individuels.

Seront assurés à chacun la libre disposition de ses facultés, de ses propriétés; l'entière liberté de conscience, la liberté de la presse; le droit de manifester à son gré ses pensées signées, sur tout ce qui est d'intérêt public.

Tout écrit imprimé sera signé au moins de l'imprimeur : à défaut de l'auteur, celui-ci reste responsable.

Le journaliste, membre actif du grand jury, écho (s'il veut subsister) de l'opinion publique, ne sera pas mis hors du droit commun.

De la repression des délits de la presse.

Les délits de la presse seront réprimés. Ils seront divisés en délits matériels et en délits d'opinion. Les délits matériels sont la provocation écrite à des faits qu'il n'est permis ni de conseiller ni d'exécuter. Les délits d'opinion sont les erreurs de l'imagination, de l'esprit.

Les premiers sont du ressort des tribunaux, les seconds ne sont justiciables que de l'opinion. S'ils sont réputés faux, dangereux, ils seront l'objet, en des délais fixés, de déclarations de prévention et de rapports motivés de la part de commissions de censure libre; dont, sans frais, sur récépissé, il sera donné communication à l'auteur, toujours libre de se défendre. Des extraits de la déclaration de prévention et des rapports seront, sans frais, inscrits sur l'ouvrage, restant en définitif soumis au jugement de l'opinion publique. Ces commissions de censure n'auront sur les ouvrages, sur leurs auteurs, nul pouvoir coercitif. Nul ouvrage, (s'il n'offense la pudeur), ne pourra être supprimé.

Le tableau des aberrations de l'esprit humain en seroit le plus sûr guide.

Et quant à l'opinion publique (dont je viens de parler), par subtilité ou par abus de pouvoir, lui substituer une opinion individuelle, comprimer les opinions publiques, empêcher leur manifestation, leurs développements, est un crime de lèze-nation au premier chef.

Messieurs les ministres ne font point l'opinion publique; en retarder les progrès, les vouloir étouffer, est un crime de lèze-humanité.

Des quesions judiciaires. Dans les jugements, toute question concernant les faits est posée. Y sont énoncées et résolues toutes celles que proposent les parties.

Toujours libres de se défendre elles-mêmes, elles ont un conseil de leur choix; elles ont toute latitude en leur défense. Tous jugements, tous débats sont publics.

Des Jurés. L'institution des jurés est admise pour constater tous faits, toute culpabilité entraînant une peine afflictive. L'appel des jurés a lieu d'après un mode général et commun.

Il n'est point de confiscation. S'il n'est pas de tort pécuniaire, il ne peut y avoir d'amende. Elle ne peut tourner au profit du fisc : elle deviendrait une confiscation déguisée. Toute justice doit être gratuite pour celui qui a droit.

De la peine de mort. La peine de mort par jugement est abolie. Le malfaiteur saisi, nul n'a droit sur sa vie.

Sûreté individuelle. Non jugé, il est sous la sauve-garde de l'honneur public; il ne peut être frappé. Jugé, il ne peut essuyer de rigueur non textuellement, personnellement et publiquement prescrite.

La peine de mort admise entraîne le droit d'appel au peuple.

La honte est dans le crime : le spectacle de l'indignation publique est un supplice.

Les questions, les mutilations, les tortures sont proscrites. Il n'est pas permis de pousser l'homme au crime pour le condamner ensuite. Une telle conduite est celle de l'assassin. Le provocateur est digne de tous châtiments, et plus encore celui qui l'excite.

La peine sera proportionnée au délit, à l'âge. Elle a pour objet (autant qu'il se peut) la réparation, le dédommagement ; elle en veut inspirer le dégoût, l'horreur, le repentir.

La société punit et ne se venge point. La dissidence des opinions ne peut constituer un délit.

Les peines principales sont la perte des droits civils, la dégradation, l'exposition publique répétée, la détention, l'emprisonnement, les châtiments, les fers, les travaux publics forcés, l'exil, le banissement. La perte des biens suit les délits portant préjudice à la fortune, à l'industrie. En cas d'insuffisance, il est fait une retenue sur le faible salaire des journées... L'homme même coupable a besoin de pitié.

Tous les cinq ans les procès criminels sont

revus. Une conduite éprouvée donne droit à l'indulgence. Si le malfaiteur n'a pas quitté le sol de la patrie, ou après son retour, toute peine non appliquée est périmée, toute action est éteinte au bout de cinq ans.

Nul n'est distrait de ses juges naturels, ne peut être soumis à des commissions non créées par le contrat.

A moins de cas de flagrant délit ou de signalement d'homme dangereux, nul ne peut être arrêté que par l'homme de police revêtu des marques de sa charge et qui se fait reconnaître. Il est conduit devant le juge, interrogé dans les vingt-quatre heures: il sera mis en liberté s'il n'y a pas lieu à prévention suffisante, et s'il donne valable caution de se représenter, au cas où il n'est pas réputé dangereux, ni pouvoir faire disparaître des traces nécessaires du délit.

Tout prévenu arrêté, se rendant tranquillement devant l'officier de justice, ne peut être maltraité.

Les lieux de détention, les prisons sont légalement désignés. Nul ne peut être ailleurs détenu, si ce n'est momentanément, au cas de flagrant délit.

Inviolabilité du domicile. La nuit, une heure avant le coucher du soleil et dans le délai d'une heure après son lever, à moins de cris intérieurs, d'indices notoires d'événements sanglants, nul domicile ne peut être forcé.

Le jour, nul agent de police ne s'y introduit que muni d'un ordre spécial défini, accompagné d'un membre de l'administration immédiate, à moins du cas d'un flagrant délit constaté.

La police a pour but le maintien de l'ordre, de la tranquillité, de la paix, de la sûreté publique, l'inviolabilité des personnes, des propriétés. Elle en est responsable ; elle arrête toute voie de fait. *De la police.*

A moins d'attaque inopinée, le membre de la cité renonce au droit de se faire justice lui-même : il refuse tout duel ; il méprise l'insulte, ou la dénonce aux tribunaux. Le courage, l'honneur ne consistent pas à égorger son semblable, mais à le protéger, à le soulager, à le défendre de tous ses moyens et de toutes ses forces. *Du duel.*

Un duel sans seconds est un assassinat de la part des deux parties. Un duel est un combat d'homme à homme sur rendez-vous convenu. Celui qui se bat ayant le premier tort se rend coupable d'homicide. Le témoin qui souffre le combat partage le crime.

Le noble aveu d'une faute, son regret exprimé ennoblit aux yeux de la patrie. Le sang ne répare pas l'insulte; il est l'objet d'une douleur éternelle. Le fanfaron est le rebut de la nature.

Limite de l'action de la police. L'action de la police est distincte de celle de la justice : tout prévenu saisi est remis aux mains de celle-ci.

Sa garde ne peut être surveillée par celui chargé de le poursuivre.

Des lieux de détention et des prisons. Les lieux de détention, les prisons sont aérés, sains. Nul n'y est privé de la présence volontaire de sa femme, de ses enfants.

Suivant les habitudes, l'éducation, les forces, le travail y est prescrit.

Des états sont dressés et publiés de toute fourniture faite aux prisonniers, et des prix auxquels elle leur est livrée.

De l'inspecteur des prisons. Toute commune nomme, à la pluralité des suffrages, un inspecteur des prisons dans le ressort desquelles elle est comprise. Il a le droit de se rendre en celle étrangère qui retient un de ses compatriotes.

Nul prisonnier ne peut être soustrait à sa

vue, à ses interrogatoires. Toutes réponses sont faites à ses demandes. L'inspecteur des prisons, sans frais, poursuit le redressement de tous abus qu'il découvre. Il ne peut lui être imposé silence.

Les devoirs de l'inspecteur des prisons s'étendent sur tout hospice. Des Hospices.

Il est des hospices où tout malade, d'autres où tout infirme est admis. (Le spectacle de gens offrant des plaies, des membres mutilés à la pitié commune, est une honte publique).

Les frais, occasionnés par l'indigent dans les hospices, sont supportés par la commune à laquelle il appartient.

La mendicité (et souvent elle a lieu par rassemblements) est interdite. Le malheureux, pensant avoir droit aux secours, se fait inscrire en sa commune. Les listes en sont affichées et censurées par tous. Des commissions de femmes éclairées, bienfaisantes, répartissent les secours accordés. Le travail est prescrit. Les matières premières sont fournies pour être ouvragées à des prix peu élevés, afin de réveiller l'industrie, de ne point encourager l'inertie, de n'y voir qu'un secours momentané, et pour ne point élever le prix des journées, amenant le surhaussement du Des secours.

prix des denrées, qui ne soutiendraient plus une concurrence nécessaire.

L'homme doit des secours aux malheureux.

Éducation. L'éducation est le premier des devoirs sociaux.

L'enfant est la plus chère propriété des auteurs de ses jours.

A sa naissance, aux seuls frais d'achat, ceux-ci reçoivent pour lui une bande de cuivre dénommée *Mémorial*. Sur lui sont successivement gravés la désignation de son sexe, les noms qui lui sont donnés par ses parents ; ceux de ses père et mère ; et, plus tard, est inscrite la date des serments qu'il prête à la patrie, l'énoncé des engagements qu'il contracte, les noms des enfants qu'il peut obtenir.

Lorsqu'il voyagera, éloigné de son domicile, il en sera porteur, ou seulement il en aura sur lui l'extrait, légalisé sans frais, ayant pour titre : *Sûreté personnelle*. L'homme doit toujours pouvoir être reconnu, pouvoir faire constater sa moralité.

A sa mort, son mémorial est remis au parent le plus proche, ou publiquement déposé. Il transmet et conserve le souvenir de son passage.

L'enfance est protégée, indulgée : elle s'élève dans les jeux, dans le travail et le respect; successivement, elle s'instruit de ses devoirs et de ses droits; elle subit des examens publics. Que tous sachent lire et écrire.

Que l'éducation soit pour l'enfant ce que doit être pour l'homme le contrat social : le mode, du plus grand développement de nos facultés physiques et intellectuelles.

L'éducation ne peut donner lieu à aucune rétribution fiscale. Elle est encouragée, excitée. Des traitements publics sont accordés aux maîtres éclairés offrant à des prix modérés des leçons utiles. La reconnoissance les suit.

Oserai-je, en cet essai, traiter un nom si intéressant, si doux ?

De la femme.

Jusqu'à ce temps la législation qui, dans nos Codes, concerne la femme, est barbare. La femme a des droits équivalents à ceux qui nous sont départis. Son sexe forme la moitié la plus intéressante de notre race ; sur elle se fonde le bonheur de nos jours qu'elle adoucit; elle en est la compagne nécessaire ; elle allaite nos enfants chéris ; ses soins délicats les soutiennent, les protégent, éveillent en leur intelligence, qui s'accroît, les tendres sentiments, la compassion, la piété, toutes les vertus. Aussi bien que nous, mieux que nous, peut-être, elle sait leur inspirer l'enthousiasme de l'amour sacré de la patrie.

L'éducation de la fille appartient à sa mère. Aux soins multipliés de l'intérieur des ménages, que soit jointe, s'il se peut, une instruction suivie qui leur découvre tous les trésors de l'esprit, de la science et des arts. Laissez en elle agir la nature.

Dans les engagements que la femme contracte, que les obligations soient réciproques; que toute convention que l'homme avoue soit spécifiée. Retenues par le devoir, qu'elles ne soient pas enchaînées. Qu'à leur gré se réunissent des commissions formées entre elles et par elles, déterminant des réglements qu'elles puissent adopter. Nous voulons égards, indulgence et respect mutuel.

Que les nœuds qui nous lient puissent se rompre, s'ils sont mal assortis. Si le tort vient de nous (il en est des exemples), sera-t-elle condamnée à d'éternels regrets, la grâce, la sagesse trompée? L'indissolubilité du mariage, trop souvent en attiédit la douceur et porte à l'inconstance : que l'homme sente le prix de ce qu'il possède, afin qu'il le conserve. Assujetti à des formalités sévères, que celui qui rendra le divorce nécessaire soit puni.

Que la femme statue elle-même sur ce qui la concerne; que la connoissance de tout fait où elle est impliquée soit ensuite pour elle renvoyée à son tribunal (innovation qui sera sans danger)! Qu'une seule loi lui soit imposée! Qu'entre elles elles ne puissent pas aggraver une sentence que nous aurions portée!

Aussi la femme, au besoin, à son gré, réunie à ses compagnes, défendra la patrie.

Objet d'une protection générale et spéciale, nuls dogmes d'une religion particulière ne sont enseignés dans les écoles publiques.   *Religion.*

Les seuls points fixés sont ceux que s'accordent à prescrire et la raison de tous les siècles, et l'ensemble des religions de tous les peuples civilisés.

Ils sont : DIEU ET LA VERTU.

Par Dieu, nous entendons l'esprit incompréhensible qui régit et meut une nature que nous ne pouvons définir.

A lui seront rapportées, pour gage de la pureté de nos motifs, toutes les résolutions publiques. Cet élan de nos cœurs en garantira la moralité. Rien de vraiment grand parmi les hommes que ce qui porte un caractère religieux : en toute occasion importante, sachons y recourir !

La volonté de Dieu sur nous est la pratique de toute vertu privée, civile et politique. Notre premier devoir est de chérir notre patrie, de désirer de périr pour elle, de la servir. Cet amour nous commande l'humanité.

Tout ce qui concerne les religions sera réglé par des lois générales communes à toutes. Il n'en pourra être reconnu qui offensent la morale.

Celle-ci défend les vœux imprudents d'une continence, d'une réclusion forcée : de tels engagements sont nuls ; ils outragent la nature.

Monument. Au nom de l'humanité, que des colonnes s'élèvent et reçoivent les noms de ses bienfaiteurs. Qu'y soient inscrits ceux de J. J. Rousseau, de Washington, de Franklin, de Fox....

Pour tous les pays, les hommes de vertu sont frères.

Que des fêtes quinquenniennes partout cimentent l'union des hommes et appellent les conceptions des arts et du génie.

Espagnols,

En un lieu quelconque de la terre, proposez la création d'un congrès général et perpétuel. Tous les peuples sont invités et sont apts à en faire partie.

Congrès général et perpétuel.

Qu'il soit formé de trois députés de tous états, nommés pour neuf ans. Chaque état les renouvelle tous les trois ans, par tiers.

Il n'est entr'eux nulle prééminence, nul orgueil, nul faste, nulle suprématie.

Tous les trois mois, la présidence passe successivement à chaque députation, selon le rang de son inscription. Le sort indique le membre de la députation qui en est revêtu.

Le congrès reconnaît l'inviolabilité, l'indépendance, la souveraineté de tout peuple en son enceinte ; la faculté de chacune de ses parties, de s'allier, de s'englomérer, de s'isoler, au gré de la majorité des suffrages, loin de la présence de corps étrangers armés, signe toujours certain de *domination usurpée,* de *servitude,* de *tyrannie.*

Il proclame les bases d'un *droit des gens certain.* Parmi les nations, il arrête toute voie de fait. En le plus bref délai, il statue entre elles sur tout différend, sur toute querelle. Il protége un commerce universel. Il assure la *liberté des mers.*

Le repaire de tout brigand est détruit.

Tout état de l'union renonce, au dehors, au droit de se faire justice lui-même; au-dedans, il conserve tous ses droits de *souveraineté*, *d'indépendance*.

Nul ne peut s'immiscer dans son régime intérieur.

La cessation, le refus de faire partie du congrès, n'entraîne nul droit de se nuire.

Puissent les peuples, pour leur intérêt réel, loin de se combattre, de se nuire, se porter une indulgence, un aide, un respect, un amour, une protection mutuelles!

Celui qui, par la force, prétend dominer son semblable, qui, par ruse, par force, lui ravit ses possessions, digne de mépris, lui-même mérite d'être asservi.

Ce n'est pas servir sa patrie que de l'accroître de rapines. On prépare sa chûte.

Puissent les lumières de l'esprit humain s'étendre en paix!

Puissent les vrais principes de l'art social *tisser* et *réparer* sans cesse les nœuds, tant intérieurs qu'extérieurs, qui nous lient.

Espagnols magnanimes,

En votre contrat social, rédigé en deux parties distinctes : *Principes* et *Gouvernement*,

Puissiez-vous nous en offrir l'heureux exemple.

LE COMTE DE FRANCLIEU,

Français.

Senlis (Oise).

Juin, 1823.

www.ingramcontent.com/pod-product-compliance
Lightning Source LLC
Chambersburg PA
CBHW061006050426
42453CB00009B/1287